# BEI GRIN MACHT SICH IHR WISSEN BEZAHLT

- Wir veröffentlichen Ihre Hausarbeit, Bachelor- und Masterarbeit

- Ihr eigenes eBook und Buch - weltweit in allen wichtigen Shops

- Verdienen Sie an jedem Verkauf

Jetzt bei www.GRIN.com hochladen und kostenlos publizieren

**Bibliografische Information der Deutschen Nationalbibliothek:**

Die Deutsche Bibliothek verzeichnet diese Publikation in der Deutschen Nationalbibliografie; detaillierte bibliografische Daten sind im Internet über http://dnb.d-nb.de/ abrufbar.

Dieses Werk sowie alle darin enthaltenen einzelnen Beiträge und Abbildungen sind urheberrechtlich geschützt. Jede Verwertung, die nicht ausdrücklich vom Urheberrechtsschutz zugelassen ist, bedarf der vorherigen Zustimmung des Verlages. Das gilt insbesondere für Vervielfältigungen, Bearbeitungen, Übersetzungen, Mikroverfilmungen, Auswertungen durch Datenbanken und für die Einspeicherung und Verarbeitung in elektronische Systeme. Alle Rechte, auch die des auszugsweisen Nachdrucks, der fotomechanischen Wiedergabe (einschließlich Mikrokopie) sowie der Auswertung durch Datenbanken oder ähnliche Einrichtungen, vorbehalten.

**Impressum:**

Copyright © 2018 GRIN Verlag
Druck und Bindung: Books on Demand GmbH, Norderstedt Germany
ISBN: 9783668631892

**Dieses Buch bei GRIN:**

https://www.grin.com/document/411905

Sebastian Huhn

# Marktanalyse und Marktkonzept von Hannover 2018

## Unternehmenstyp EMS

GRIN Verlag

**GRIN - Your knowledge has value**

Der GRIN Verlag publiziert seit 1998 wissenschaftliche Arbeiten von Studenten, Hochschullehrern und anderen Akademikern als eBook und gedrucktes Buch. Die Verlagswebsite www.grin.com ist die ideale Plattform zur Veröffentlichung von Hausarbeiten, Abschlussarbeiten, wissenschaftlichen Aufsätzen, Dissertationen und Fachbüchern.

**Besuchen Sie uns im Internet:**

http://www.grin.com/

http://www.facebook.com/grincom

http://www.twitter.com/grin_com

Deutsche Hochschule für
Prävention und Gesundheitsmanagement
Hermann Neuberger Sportschule 3
66123 Saarbrücken

# Hausarbeit (kollektive Prüfungsleistung)

| | |
|---|---|
| Name, Vorname | Huhn, Sebastian |
| Modul | Marketing 1 |
| Studiengang | Bachelor of Arts Sportökonomie |
| Datum Präsenzphase | 20.11.2017-22.11.2017 |
| Studienort | Saarbrücken |

# Inhaltsverzeichnis

1 MARKTBESCHREIBUNG/-ANALYSE ............................................................. 3

1.1 Allgemeine Informationen über den Unternehmenstyp ................................... 3

1.2 Lage und Standort des Unternehmens ............................................................. 4

1.3 Bestimmung von zwei Marktgebieten ............................................................. 4

1.4 Makroumfeldanalyse und Abschätzung des Marktpotentials .......................... 5

1.5 Wettbewerbsanalyse ......................................................................................... 7

2 MARKETINGPLANUNG ................................................................................ 8

2.1 Budgetplanung .................................................................................................. 8

2.2 Kommunikationspolitik .................................................................................... 8

2.3 Werbeplanung ................................................................................................. 10

2.4 Kostenkalkulation/Budgetvergleich bei der Werbeplanung .......................... 11

2.5 Synergieeffekt im Rahmen der Kommunikationspolitik ............................... 11

3 ABSCHLUSSSTATEMENT ........................................................................... 12

4 LITERATURVERZEICHNIS ......................................................................... 13

5 ABBILDUNGS- UND TABELLENVERZEICHNIS ..................................... 14

5.1 Abbildungsverzeichnis ................................................................................... 14

5.2 Tabellenverzeichnis ........................................................................................ 14

# 1 Marktbeschreibung/-analyse

## 1.1 Allgemeine Informationen über den Unternehmenstyp

Das Dienstleistungsangebot des EMS-Studios Electric Power richtet sich an Männer und Frauen ab 25 Jahren, insbesondere berufstätige Menschen, die wenig Zeit haben, sich sportlich zu betätigen. Diese Personen verfügen über ein normales bis überdurchschnittliches Einkommen und sind daher in der Lage, sich ein Personal Training leisten zu können.

Das EMS-Training entspricht aufgrund seiner Effizienz und hoher Funktionalität dem heutigen Fitness-Trend. Der geringe Zeitaufwand macht es für viele Menschen interessant. Demnach lautet die Botschaft des Studios: Minimaler Zeitaufwand bei maximaler Trainingseffektivität.

Das Training findet in sogenannten Mikrostudios statt. Diese Studios verfügen über eine sehr viel kleinere Trainingsfläche als klassische Fitness-Studios. Gleichzeitig wird eine hohe Betreuungsintensität gewährleistet.

EMS-Training wird dem Kunden als einzige Trainingsform angeboten, um einen reibungslosen Ablauf kümmern sich gut ausgebildete Mitarbeiterinnen und Mitarbeiter. Zunächst wird ein ausführliches Eingangsgespräch mit einem Trainingseinsteiger durchgeführt, dort werden gemeinsam die Ziele des Kunden ausgearbeitet und dokumentiert. Der Personal Trainer steuert das Training und hat Kenntnis über die körperliche Verfassung seiner Kunden. Es wird zunehmend ein Vertrauensverhältnis zwischen Trainer und Trainierendem aufgebaut und damit die Kundenbindung erhöht.

Alle drei Monate werden Körperanalysen durchgeführt, um den Trainingsfortschritt zu dokumentieren und mögliche Teilziele neu zu definieren.

Tabelle 1: Produkt-, Preis-und Distributionspolitik

| Produktpolitik | Preispolitik | Distributionspolitik |
|---|---|---|
| EMS-Training | Monatliche Abbuchung | Direktvertrieb im Studio |
| Körperanalysen (Gewicht, Umfänge, Körperfett- und Muskelanteil, Blutdruck- und Pulsmessung) | Monatsbeitrag EMS-Training: richtet sich nach Länge der Mitgliedschaft (18,12 oder 2 Monate Mindestlaufzeit) | Internet: über Facebook oder die eigene Homepage kann ein Gutschein zum Probetraining angefordert werden |
| Nahrungsergänzungsmittel: Proteinshakes 4.90 EUR | Durchschnittlicher Monatsbeitrag von 99 EUR | Infoveranstaltungen über das EMS-Training werden außerhalb der Studios abgehalten (bei Ärzten, Sportfachgeschäften, Volkshochschulen) |
| Ernährungsberatung: 149 EUR | 18 Monate Laufzeit: 69 EUR<br>12 Monate Laufzeit: 99 EUR<br>2 Monate Laufzeit:129 EUR | |

| Produktpolitik | Preispolitik | Distributionspolitik |
|---|---|---|
| Sportstartpaket (inkl. Funktionswäsche und Körperanalysen) einmalig 149 EUR | Geschenkgutscheine für einmaliges EMS-Training 19.90 EUR | Kooperationen mit Unternehmen in der Umgebung (Firmenfitness) |

## 1.2 Lage und Standort des Unternehmens

Das EMS-Studio Electric Power befindet sich in der Perlstraße 1, 30161 Hannover. Der Standort liegt im Stadtteil Hannover-Ost und zählt zum Bezirk Hannover-Mitte. Die Wahl fiel auf diesen Standort, da er über ein großes Einzugsgebiet verfügt und sich viele Firmen in der Umgebung befinden. Somit sind viele Berufstätige tagtäglich hier unterwegs. Die Lister Meile, eine belebte Fußgängerzone mit zahlreichen Einkaufs- und Unterhaltungsmöglichkeiten, ist in wenigen Gehminuten zu erreichen. Die Bus-, S- und U-Bahnanbindung an unseren Standort ist hervorragend geregelt, darüber hinaus stellt das Studio seinen Mitgliedern kostenlose Parkplätze zu Verfügung.

## 1.3 Bestimmung von zwei Marktgebieten

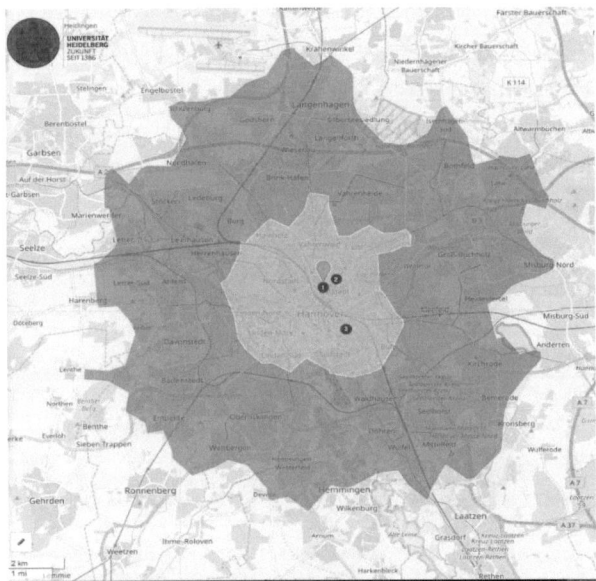

Abbildung 1: Marktgebiet 1 & 2 erstellt nach der Zeit-Distanz-Methode (modifiziert nach HeiGIT - Geographisches Institut Heidelberg – Universität Heidelberg)

Legende:

▼ ❶ Standort des EMS-Studios Electric Power

❷ Standort des 1. Mitbewerbers: Bodystreet Hannover Lister Meile, Celler Straße 85

❸ Standort des 2. Mitbewerbers: 25Minutes- Personal EMS-Studio, Marienstraße 52

## 1.4 Makroumfeldanalyse und Abschätzung des Marktpotentials

Tabelle 2: Kaufkraft, Arbeitslosenquote und Altersverteilung Hannover Stand 31.12.2016 (modifiziert nach Statistische Berichte der Landeshauptstadt Hannover, 2017)

| Kaufkraft | 101,90% (22667 EUR) |
|---|---|
| Arbeitslosenquote | 6,80% |
| Altersverteilung | Unter 18 Jährige: 15,2%<br>Zwischen 18 und 60 Jährige: 60,8%<br>Über 60 Jährige: 24,1% |
| Bevölkerung | 540691 |

Der Arbeitsmarkt in Hannover entwickelt sich positiv. Mit einer Arbeitslosenquote von 6,8% im November 2017 ist eine Verbesserung von 0.2% zum Vorjahresmonat zu verzeichnen (Bundesagentur für Arbeit, 2017).

Tabelle 3: Strukturdaten Hannover Stadtteil Ost Stand 31.12.2016 (modifiziert nach Statistische Berichte der Landeshauptstadt Hannover, 2017)

| Arbeitslosenquote | 4,20% |
|---|---|
| Altersverteilung | Unter 18 Jährige: 11,9%<br>Zwischen 18 und 60 Jährige: 68,1%<br>Über 60 Jährige: 20,1% |
| Bevölkerung | 14295 |

Im Verhältnis zur gesamten Stadt Hannover ist die Arbeitslosenquote im Stadtteil Ost mit 4,2% vergleichsweise niedrig. Der Anteil der Menschen zwischen 18 und 60 Jahren, zu denen meist berufstätige Menschen zählen, ist verhältnismäßig hoch. Diese Personen möchten wir mit unserem Dienstleistungsangebot erreichen.

Die unten dargestellte Tabelle beinhaltet das erste und zweite Marktgebiet, aufgeschlüsselt nach Stadtteilen und der Berechnung des Marktpotentials. Die Berechnung wurde zum Teil nur anteilsmäßig berücksichtigt, da bestimmte Bereiche im Marktgebiet nicht vollständig eingeschlossen sind. Die Gewichtung erfolgt im ersten Marktgebiet mit 100 Prozent, im zweiten Marktgebiet mit 70 Prozent, daraufhin mit 12 Prozent kalkuliert.

Tabelle 4: Einwohnerzahlen aufgeschlüsselt nach den Stadtteilen im Marktgebiet 1 & 2 (modifiziert nach Statistische Berichte der Landeshauptstadt Hannover, 2017)

| Stadtteile 1. MG | Jahr 2016 | Stadtteile 2. MG | Jahr 2016 |
|---|---|---|---|
| Bult (50%) | 1537 | Ahlem | 11073 |
| Calenberger Neustadt | 6840 | Badenstedt | 12409 |
| Hainholz (50%) | 3648 | Bemerode | 19101 |
| Limmer (20%) | 1244 | Bothfeld | 20660 |
| Linden-Mitte | 12356 | Bult (50%) | 1537 |
| Linden-Nord | 16657 | Burg | 3842 |
| Linden-Süd (50%) | 5170 | Davenstedt | 11007 |
| List | 45761 | Döhren | 13748 |
| Mitte | 10921 | Groß-Buchholz | 27278 |
| Nordstadt | 17802 | Hainholz (50%) | 3648 |
| Oststadt | 14295 | Herrenhausen | 8397 |
| Südstadt | 40221 | Heideviertel | 5039 |
| Vahrenwald | 24812 | Iserhagen-Süd | 2904 |
| Zoo | 5053 | Kirchrode | 11936 |
| | | Kleefeld | 12765 |
| Summe Marktgebiet 1 | 206317 | Lahe | 1899 |
| | | Leinhausen | 3213 |
| **12% vom MG 1** | **24758** | Limmer (80%) | 4976 |
| | | Linden-Süd (50%) | 5170 |
| | | Ledeberg/Nordhafen | 6086 |
| | | Marienwerder (30%) | 743 |
| | | Miesenburg-Nord (20%) | 4516 |
| | | Mittelfeld | 8656 |
| | | Oberricklingen | 10749 |
| | | Seehorst | 3542 |
| | | Stöcken | 12994 |
| | | Vinnhorst/Brink-Hafen | 7242 |
| | | Vahrenheide | 9974 |
| | | Waldhausen | 2267 |
| | | Wettbergen | 13053 |
| | | Wülfel | 4450 |
| | | | |
| | | Summe Marktgebiet 2 | 264874 |
| | | 70% vom MG 2 | 185412 |
| | | | |
| | | **12% vom MG 2** | **22249** |
| | | | |
| Marktpotential MG 1 und MG 2: 47007 Gesamtmarktpotenzial | | | |

## 1.5 Wettbewerbsanalyse

Das Bodystreet Lister Meile EMS-Studio in der Celler Straße 8 in Hannover gilt als Spezialist für Trainingseffizienz. Das Dienstleistungsangebot umfasst die aus der Sportmedizin und der Astronautik bekannte Elektrostimulation. Bodystreet ist europaweit der Marktführer bei EMS-Studios, Ende 2017 zählte das Franchisesystem insgesamt 260 Studios in Deutschland, Österreich, Italien und Großbritannien (Bodystreet, 2017). Die Preise beginnen bei 19.90 EUR pro Trainingseinheit.

Bei Bodystreet wird jedes Mitglied von einem Trainer betreut, dies steigert die Präzision des Trainings und damit auch die Wirksamkeit. Darüber hinaus kann der Trainer optimal auf die individuellen Bedürfnisse des Mitglieds eingehen. Für das Training wird ein geringer Zeitaufwand von 20 Minuten veranschlagt, einmal wöchentlich findet das Training statt. Eine zentrale Stärke von Bodystreet ist die Verfügbarkeit in den meisten Städten in Deutschland, sodass die Kontinuität vom Training sichergestellt werden kann, auch wenn die Mitglieder in anderen Städten unterwegs sind.

Die vorhandene Marktführerposition von Bodystreet und die damit verbundene Bekanntheit der Marke ist eine weitere zentrale Stärke des Unternehmens. Das Image von Bodystreet schafft Vertrauen und erleichtert die Neukundengewinnung. Das Electric Power muss sich diesen Wettbewerbsvorteil erst erarbeiten.

Als Schwäche kann gewertet werden, dass den Betreibern der Bodystreet Studios durch Vorgaben und standardisierte Abläufe kaum Platz für eigenen Handlungsspielraum eingeräumt wird. Die Steuerung der internen Prozesse werden von der Franchise Zentrale vorgegeben. Eine weitere Schwäche ist die Preispolitik bei Bodystreet, da die Monatsbeiträge höher sind als bei Electric Power.

Das 25Minutes- Personal EMS-Studio in der Marienstraße 52 in Hannover bietet seinen Kunden ebenfalls die effektive und innovative Trainingsmethode EMS an. Zusätzlich zum konventionellen EMS- Training bietet die Studiokette in seinen deutschlandweit 25 Studios auch ein Cardio-EMS Training an. Dabei handelt es sich um ein Ausdauertraining von 20 Minuten, bei der die gesamte Muskulatur zusätzlich mit einem elektrischen Impuls stimuliert wird. Darüber hinaus bietet das Studio einen Functional Food Riegel an (25Minutes, 2017).

Das Betreuungskonzept bei 25Minutes ist ebenfalls sehr individuell und persönlich. Die Trainingseinheit dauert auch 20 Minuten, diese kann bei Bedarf bis zu zweimal wöchentlich absolviert werden.

Die Stärke bei diesem Mitbewerber ist das erweiterte Produkt- und Dienstleistungsangebot. Bei Electric Power kann kein Ausdauertraining absolviert werden. Eine weitere Stärke ist der günstige Beitrag bei 25Minutes- Personal EMS-Training. Die Preise beginnen bei 14,45 EUR pro Trainingseinheit, also preiswerter als bei Electric Power. Eine zentrale Schwäche bei 25Minutes Personal EMS in Hannover sind die Öffnungszeiten. Unter der Woche schließt das Studio bereits um 19 Uhr und Samstags um 14 Uhr. Sonntags ist das Studio komplett geschlossen. Das Electric Power hat an 7 Tagen der Woche geöffnet. Eine weitere Schwäche des Mitbewerbers ist die fehlende Fachkompetenz in der Ernährungsberatung. Auf der Internetseite wird der Proteinriegel „Vitelements" beworben, der den Kunden bis zu 4 Kilogramm Gewichtsreduzierung pro Woche verspricht. Im Electric Power arbeiten gut ausgebildete Mitarbeiter, die individuelle Ernährungspläne für ihre Kunden erstellen.

# 2 Marketingplanung

## 2.1 Budgetplanung

Marketingkosten pro Neukunde:
Erfahrungsgemäße Marketingkosten: 100€ / Neukunde
Geplante Mitgliederzahl nach dem ersten Geschäftsjahr:   90 Mitglieder
Somit gilt: 90 x 100 = 9000
Im ersten Geschäftsjahr liegt das Gesamtbudget für das Marketing bei 9000 Euro.

## 2.2 Kommunikationspolitik

Die Vermarktungskampagne startet am 01.11.2017, exakt zwei Monate vor der Eröffnung des EMS-Studios am 01.01.2018, um möglichst viele Mitglieder zu gewinnen.

Tabelle 5: Instrumente der Kommunikationspolitik

| Instrument der Kommunikationspolitik | Begründung der Wahl |
|---|---|
| • Eventmarketing | • Präsentation des Unternehmens<br>• Imageförderung<br>• Aufmerksamkeit und Interesse wird erzeugt<br>• Dienstleistung wird greifbar gemacht<br>• positive Emotionen werden bei den Teilnehmern ausgelöst<br>• Events sind Veranstaltungen ohne Verkaufscharakter |

| Instrument der Kommunikationspolitik | Begründung der Wahl |
|---|---|
| • Online und Social Media Marketing (Facebook) | • Zielgruppe wird schnell erreicht und kostengünstig mit Inhalten versorgt<br>• fördert den Dialog und schafft dauerhafte Beziehungen mit den Mitgliedern<br>• Bekanntheit des Studios wird erhöht, weil die Nutzer von Social Media Plattformen i.d.R. mehrere Stunden am Tag in den Netzwerken online sind<br>• in Zeiten der Digitalisierung unverzichtbar (Kommunikationsmedium) |
| • Werbung | |

Aktionsbeschreibung:

Mit einem „Tag der offenen Tür" Event möchte sich unser Studio feierlich präsentieren und eine erste persönliche Kundenbindung herstellen. Der örtliche Radiosender Antenne Niedersachsen spielt am Tag der Öffnung einen Radiospot und wirbt mit einer Verlosungsaktion von „Schnuppertrainings". Vor Ort wird unsere Dienstleistung greifbar gemacht und das Interesse für unser Unternehmen geweckt. Es werden kostenlos gesunde Sportler Snacks und mineralhaltige Getränke angeboten, zusätzlich sorgt ausgewählte Musik für gute Stimmung. Alle Clubmitarbeiter sind an diesem Tag im Einsatz. Am Pavillon vor der Eingangstür des Studios werden Gutscheine für ein „Wohlfühltraining" verteilt. Während dessen informiert das gut geschulte Personal über die Vorzüge der Trainingsform.

Tabelle 6: Konzept der Vermarktungskampagne

| Ziel der Kampagne | • Präsentation des Unternehmens<br>• Aufmerksamkeit und Interesse für die Trainingsform erwecken<br>• Mitgliedergenerierung |
|---|---|
| Aussage | • 20 Minuten Training in der Woche reichen, um seinem Körper etwas Gutes zu tun |
| Inhalt der Kampagne | • Integriere den Sport in deinen Berufsalltag und steigere deine körperliche Fitness mit nur 20 Minuten Training pro Woche<br>• Mensch, Bewegung, Spaß und geringer Zeitaufwand stehen im Vordergrund |
| Wie wird die Kampagne umgesetzt? | • Plakate, Radiospot und Facebook Werbeanzeigen dienen als Werbemittel |

| | |
|---|---|
| Warum wurde der Inhalt der Kampagne gewählt? | • den potentiellen Neukunden werden die Vorteile der neuen Trainingsform vermittelt und das Bewusstsein für einen gesunden Körper geweckt<br>• die neue Trainingsform präsentieren und aufklären<br>▶ Vermittlung eines Verständnisses für Gesundheit und Fitness bei minimalem Zeitaufwand |
| Zeitliche Organisation | • 8 Wochen vor der Eröffnung werden Werbeanzeigen bei Facebook gestartet und täglich den Nutzern unser Studio präsentiert und beworben<br>• 11 Tage vor der Eröffnung wird ein Plakat an der Litfaßsäule angebracht<br>• am Eröffnungstag wird morgens ein 20-sekündiger Radiospot im Radio Antenne Niedersachsen Region Hannover ausgestrahlt |
| Überprüfen des Erfolgs der Kampagne | • Interessenten, die nach Eröffnung des Standortes im Club erscheinen, werden gefragt, wie sie auf unser Studio aufmerksam gemacht wurden. Diese Information wird tabellarisch festgehalten und ausgewertet.<br>• Reaktionsquote kann in Form von Klickraten gemessen werden |

## 2.3 Werbeplanung

Tabelle 7: Werbemittel und Werbeträger

| Werbemittel: | Werbeträger: |
|---|---|
| 1) Plakate | Litfaßsäule |
| 2) Radiospot | Radiosender (Antenne Niedersachsen) |
| 3) Facebook Werbeanzeigen | Internet |

Als Werbebudget steht unserem Unternehmen 1800 Euro zu.

Die Reichweite ist ein Kriterium zur Werbemittelauswahl, ebenso wie das zur Verfügung stehende Budget. Mittels der Plakate und dem Radiospot werden die potentiellen Kunden im Umkreis des Studios erreicht. Die Facebook Werbeanzeigen zeichnen sich durch einen hohen Unterhaltungswert und Kreativität aus und eignen sich gut als Werbemittel, da sie zielgruppengerecht eingesetzt werden können und eine klar definierte Anzahl von Nutzern erreicht. Darüber hinaus ist die Reaktionsquote in Form von Klick- und Konversationsrate messbar. Die Werbemittel sollten kombiniert eingesetzt werden.

## 2.4 Kostenkalkulation/Budgetvergleich bei der Werbeplanung

Tabelle 8: Kostenkalkulation (modifiziert nach Amazon EU S.à r.l. 2017; Contrast MEDIA SERVICE für Außenwerbung GmbH, 2017; Crossvertise GmbH, 2017; Facebook Inc., 2017; VEOVISION GmbH, 2017)

| Werbemaßnahmen | Kosten |
|---|---|
| Litfaßsäule inkl. Druckkosten ( 11 Tage) | 431,70 EUR |
| Radiospot (20 Sekunden) | 299,00 EUR |
| Facebook Werbeanzeigen ( 8 Wochen Laufzeitbudget) | 400,00 EUR |
| Essen und Getränke | 213,88 EUR |
| Mietkosten Musikanlage ( 1 Tag) | 199,00 EUR |
| Pavillon | 54,95 EUR |
| Summe | 1616,53 EUR |
|  | +183,47 EUR Differenz |

Aus der Kostenkalkulation wird ersichtlich, dass die Gegenüberstellung der Kosten eine positive Differenz ergibt. Somit können alle geplanten Maßnahmen der ersten Kampagne umgesetzt werden und mit einer Reserve von 183,47 EUR gerechnet werden. Eine Optimierungsmöglichkeit wäre der Einsatz der Öffentlichkeitsarbeit als marketingpolitisches Instrument. Zum einen tragen diese „Public Relations" zur Imagepflege unseres Unternehmens bei. Zum anderen fördern sie gleichzeitig den Verkauf unserer Dienstleistung durch einer Erhöhung unseres Bekanntheitsgrades. Diese Optimierungsmöglichkeit ist allerdings nur bei einem höheren Werbebudget realisierbar.

Eine weitere Chance der Verbesserung wäre die Ausweitung des Internets als Werbeträger. Das Social-Media-Marketing gewinnt immer mehr an Bedeutung in Zeiten der Digitalisierung und kann zielgruppengerecht und messbar eingesetzt werden. Es wäre eine Option, die Kosten für die Werbeträger Litfaßsäule und Radio einzusparen und sich mit dem zur Verfügung stehenden Budget ganz auf das Online-Marketing zu konzentrieren.

## 2.5 Synergieeffekt im Rahmen der Kommunikationspolitik

Unternehmensübergreifende Synergieeffekte können im Rahmen der Kommunikationspolitik mit den anderen Unternehmensgruppen nur bedingt erzielt werden, da sich die einzelnen Fitness-Studios auf unterschiedliche Hauptzielgruppen spezialisieren. Jedes

Unternehmen besitzt auf seinem Gebiet bestimmte Kernkompetenzen sowie wertvolle Wettbewerbsvorteile, die im Rahmen der Kommunikationspolitik ausgebaut und auf den Markt gebracht werden können.

Das EMS-Studio wirbt mit minimalem Trainingszeitaufwand und maximaler Trainingseffektivität, das Gesundheitsstudio mit qualitativ hochwertigem und abwechslungsreichem Training. Das Fitness-Studio im Discount-Segment hingegen wirbt mit seinen günstigen Konditionen und das Fitness-Studio im Premium-Segment mit einem Mehrwert an Service und Leistungen rund um Sport und Gesundheit.

Mit Events, wie den „Gesundheits- und Wohlfühltagen", bei denen sich die gesamte Unternehmensgruppe präsentiert, kann ein ganzheitliches Interesse für die Branche erzielt werden. Eine weitere Möglichkeit wäre die Erstellung einer Broschüre, in der die unterschiedlichen Unternehmensgruppen aufgeführt und vorgestellt werden.

# 3 Abschlussstatement

Nach Abschluss und Auswertung aller Analysen stehen an den ausgewählten Standorten genügend Ressourcen zur Verfügung, um ein Gesundheitsstudio und ein EMS-Studio mit guten Erfolgsaussichten zu eröffnen. Parallel zum bundesweiten Trend entwickelt sich auch in Hannover eine alternde Gesellschaft, deren Bedürfnisse nach Gesunderhaltung, Prävention und Rehabilitation es zu befriedigen gilt. Zugute kommt dem Gesundheitsstudio eine hervorragende medizinische Versorgung in den Marktgebieten. Eine überdurchschnittlich hohe Kaufkraft in Hannover fördert diese Prognose. Die innovative Trainingsform, welche in den EMS-Studios angeboten wird, wird aufgrund seiner Effizienz und Effektivität immer mehr an gesellschaftlicher Bedeutung gewinnen.

Für einen wirtschaftlichen Erfolg benötigen die EMS-Studios verhältnismäßig wenig Mitglieder.

In den Marktgebieten des Fitness-Studios im Premium-Segment befindet sich ein hoher Zielgruppenanteil. Insgesamt gibt es fünf direkte Konkurrenten, dies beeinflusst das Gesamtmarktpotenzial. Die Erfolgschancen sind daher eher mäßig.

Das Fitness-Studio im Discount-Segment verspricht keinen Erfolg, da sich im direkten Umfeld eine Vielzahl an Konkurrenten befinden.

Als Prognose für die nahe Zukunft ist hier festzuhalten, dass die Nachfrage nach Gesundheits- und EMS-Studios steigen wird.

# 4 Literaturverzeichnis

Amazon EU S.à r.l. (2017). Amazon. Zugriff am 20.12.2017. Verfügbar unter https://www.amazon.de/Festzelt-3x6m-Rimini-wei%C3%9F-Gartenpavillon/dp/B019QKWL1K/

Bodystreet GmbH. (2017). Bodystreet Unternehmen. Zugriff am 03.01.2017. Verfügbar unter https://www.bodystreet.com/de/unternehmen/historie/

Bundesagentur für Arbeit. (2017). Bundesagentur für Arbeit Statistik. Zugriff am 15.12.2017. Verfügbar unter https://statistik.arbeitsagentur.de/Navigation/Statistik/Statistik-nach-Regionen/BA-Gebietsstruktur/Niedersachsen-Bremen/Hannover-Nav.html

Contrast Media Service für Außenwerbung GmbH. (2017). Werbung an Litfaßsäulen. Zugriff am 19.12.2017. Verfügbar unter http://www.plakat-verkauft.de/buchung/karte/#1350000011369

Crossvertise GmbH. (2017). Plattform für Radiowerbung. Zugriff am 22.12.2017. Verfügbar unter https://market.crossvertise.com/de-de/antenne-niedersachsen-region-hannoverhameln-/media/radio/details/682735

Facebook Inc. (2017). Facebook Buisness: Marketing auf Facebook. Zugriff am 20.12.2017. Verfügbar unter https://de-de.facebook.com/business/help/201828586525529?helpref=related

HeiGIT - Geographisches Institut Heidelberg – Universität Heidelberg. (Hrsg.) (2017). Openrouteservice. Zugriff am 18.12.2017. Verfügbar unter https://www.openrouteservice.org/reach?n1=52.39362&n2=9.874134&n3=12&a=52.383039,9.739895&b=0&i=0&j1=12&j2=5&d=50&k1=en-US&k2=km

Statistische Berichte der Landeshauptstadt Hannover. (2017). *Strukturdaten der Stadtteile und Stadtbezirke 2017*. Landeshauptstadt Hannover.

VEOSION GmbH. (2017). Veranstaltungstechnik Mietgeräte. Zugriff am 29.12.2017. Verfügbar unter http://www.veosion.de/mietgeratepark/audio-tontechnik-mieten/professionelle-tonanlage-fur-bis-zu-100-personen-mieten.html

25Minutes GmbH. (2017). 25Minutes. Zugriff am 03.01.2018. Verfügbar unter http://www.25minutes.de/

# 5 Abbildungs- und Tabellenverzeichnis

## 5.1 Abbildungsverzeichnis

Abbildung 1: Marktgebiet 1 & 2 erstellt nach der Zeit-Distanz-Methode (modifiziert nach HeiGIT - Geographisches Institut Heidelberg – Universität Heidelberg)...............4

## 5.2 Tabellenverzeichnis

Tabelle 1: Produkt-, Preis-und Distributionspolitik......................................................3
Tabelle 2: Kaufkraft, Arbeitslosenquote und Altersverteilung Hannover Stand 31.12.2016 (modifiziert nach Statistische Berichte der Landeshauptstadt Hannover, 2017)..............5
Tabelle 3: Strukturdaten Hannover Stadtteil Ost Stand 31.12.2016 (modifiziert nach Statistische Berichte der Landeshauptstadt Hannover, 2017)..............5
Tabelle 4: Einwohnerzahlen aufgeschlüsselt nach den Stadtteilen im Marktgebiet 1 & 2 (modifiziert nach Statistische Berichte der Landeshauptstadt Hannover, 2017)...........6
Tabelle 5: Instrumente der Kommunikationspolitik......................................................8
Tabelle 6: Konzept der Vermarktungskampagne.........................................................9
Tabelle 7: Werbemittel und Werbeträger..................................................................10
Tabelle 8: Kostenkalkulation (modifiziert nach Amazon EU S.à r.l. 2017; Contrast MEDIA SERVICE für Außenwerbung GmbH, 2017; Crossvertise GmbH, 2017; Facebook Inc., 2017; VEOVISION GmbH, 2017)..............11

# BEI GRIN MACHT SICH IHR WISSEN BEZAHLT

- Wir veröffentlichen Ihre Hausarbeit, Bachelor- und Masterarbeit

- Ihr eigenes eBook und Buch - weltweit in allen wichtigen Shops

- Verdienen Sie an jedem Verkauf

**Jetzt bei www.GRIN.com hochladen und kostenlos publizieren**